M000004382

Oraciones para cada día

Aliento espiritual para mujeres

CASA PROMESA
Una división de Barbour Publishing, Inc.

Contenido

Introducción

Acerquémonos, pues, confiadamente al trono de la gracia, para alcanzar misericordia y hallar gracia para el oportuno socorro.

HEBREOS 4:16

¡Qué invitación tan increíble! Podemos llevar —en cualquier momento— cualquier petición ante el Rey del universo. Y no sólo eso, también nos aconsejan que "lleguemos ante su presencia con alabanza" (Salmo 95:2) y "con regocijo" (Salmo 100:2). El Dios Todopoderoso al que servimos está interesado en cada uno de nosotros, y verdaderamente quiere oír lo que tenemos que decir ¡Eso es amor genuino!

Las palabras de estas oraciones tienen la intención de desafiarte a medida que desarrollas una relación más íntima con tu Padre celestial, una relación que Él está esperando con gran expectativa.

Enojo

*Si no quieres ser propenso
al enojo, no alimentes el hábito;
no le des nada que pueda
provocar su aumento.*

EPICTETUS

ENOJO CONTROLADO

No puedo con ello, Padre. A veces
parece que otros deliberadamente
hacen cosas para enojarme. Quizá
son así con todo el mundo, pero
me cuesta no tomar represalias.
Intento con todas mis fuerzas ser
como tú, pero es una lucha. Por
favor, ayúdame a controlar mi enojo;
ayúdame a no ser tan sensible.

Una pérdida de tiempo

Lo volví a hacer, Señor. Arruiné toda la tarde por algo increíblemente ridículo. No pude dormir bien porque aún estaba furiosa. Mi enojo siempre es una pérdida de tiempo y de energías. Perdóname Padre. Dame la fuerza para controlar mi genio, y no permitas que arruine más tardes ni a mí misma ni a los demás.

El tiempo y el lugar correctos

Una de las historias más interesantes en
tu Palabra es cuando limpiaste el templo.
Me ha enseñado que hay un tiempo
y un lugar para el enojo. El pecado es
siempre algo que debería provocar furia.
Tan sólo ayúdame a dirigir mi enojo
hacia el pecado y no hacia el pecador.

Reaccionando airadamente

Padre, tú conoces la montaña rusa
emocional en la que he estado subida.
Quiero alegrarme por mis amigos cuando
se gozan, pero el dolor de mi corazón
es muy crudo. Parece que mis seres
queridos están alardeando de su gozo, y
no puedo hacer otra cosa que reaccionar
airadamente. Sé que eso les duele y no te
agrada a ti. Por favor, ayúdame a superar
esta lucha.

El enojo duele

Sólo estaba intentando ayudar.
Sabía por propia experiencia que él
estaba a punto de cometer un error.
Intenté ser amable pero él se enojó
mucho, diciéndome que no era de mi
incumbencia. Ahora ni siquiera me
habla, y eso duele. Por favor sana la
brecha, Padre.

Niños

No podemos formar a nuestros hijos según nuestras propias ideas; debemos aceptarlos y amarlos como Dios nos los da.
JOHANN WOLFGANG VON GOETHE

SER PADRES EN REALIDAD

Desde que era niña, uno de mis mayores sueños era ser mamá. Se me daba bastante bien cuando fingía con mis muñecas, pero la realidad es muy diferente. Ahora que tengo hijos, no siempre estoy segura de mí misma. Por favor Dios, dame sabiduría y valor para ser una buena madre.

Un cómico alivio

A veces los niños pueden ser muy cómicos, Señor. Dicen las cosas más divertidas o ponen las caras más raras. A veces lo único que tengo que hacer en un día pesado es mirarlos. Harán algo tan gracioso que no podré hacer otra cosa que reírme. Enseguida me siento mejor. Los niños son un regalo maravilloso.

JUEGOS DE NIÑOS

Señor, a mis hijos les encanta
cuando juego con ellos, y a veces
mi participación en sus actividades
contribuye significativamente
a su desarrollo. Pero para ser honesta, no
se me dan muy bien sus juegos. A
menudo me distraigo con otras cosas
que tengo que hacer. Por favor no dejes
que pierda de vista la verdad: que jugar
con mis hijos es un logro importante.

Verdades de Dios

Hay muchas cosas que tengo que
enseñar a mis hijos sobre ti, Señor. A
lo largo de sus vidas habrá muchas
preguntas. Afrontarán personas y
situaciones que les harán dudar de ti.
Dame oportunidades de instaurar tu
Palabra para que, cuando vengan las
dudas, puedan permanecer firmes.

Una oración por mis hijos

El otro día alguien me recordó lo importante que es orar por mis hijos. Así que aquí estoy Señor. Por favor protege a mis niños. Obra en sus vidas, para que quieran servirte con su cuerpo, mente y corazón. Pon esas cosas que necesitan, y llénalos de contentamiento mientras disfrutan del calor de tu amor.

Iglesia

Hasta que no fui a las iglesias de América y oí sus púlpitos arder con la justicia, no comprendí el secreto de su genio y poder.

ALEXIS DE TOCQUEVILLE

LA FAMILIA DE MI IGLESIA

Mi iglesia es especial para mí de muchas formas, Señor. Estoy muy agradecida de que me hayas puesto entre un grupo de creyentes tan maravilloso que me animan y oran por mí. Permíteme ser una bendición para ellos también, y ayúdame a no olvidar nunca lo importantes que son en mi vida.

PREDICANDO LA VERDAD

Gracias por mi pastor, amado Dios.
Él te ama, y ama a quienes ministra.
Saber que su deseo es presentar
las verdades de la Biblia es un gran
consuelo en un mundo que está lleno de
falsas enseñanzas. Bendice a mi pastor
mientras continúa predicando tu Palabra.

Decisiones de la iglesia

Hay muchas decisiones que se tienen que tomar con respecto a asuntos relacionados con nuestra iglesia, Padre. No son decisiones fáciles de tomar, y cada uno tiene una opinión diferente sobre cuál debería ser el resultado. Por favor, danos dirección y unidad. Obra en medio nuestro para que podamos llevar a otros a tu reino.

Gente preciosa

Hay mucha gente preciosa que ofrece
su tiempo y sus talentos para ti, Señor
Jesús. Tan sólo quiero darte gracias por
cada uno. Aprecio a los que hacen una
contribución pública y también a los que
trabajan entre bastidores. Significan más
para mí de lo que puedo expresar.

La familia del pastor

Te pido Señor, que estés con la familia de mi pastor. Él dedica muchas largas horas a servirte; y aunque saca tiempo para pasarlo con su esposa e hijos, aun así tienen que hacer algunos sacrificios. Bendice a cada uno de ellos en su esfuerzo por llevar tu amor a nuestra iglesia y comunidad.

Comunidad

*La vida que yo toque para bien
o para mal tocará otra vida,
que, a su vez, tocará otra, hasta
quién sabe dónde se detenga el
estremecimiento o en qué lugar
lejano se sentirá mi toque.*

FREDERICK BUECHNER

ACTIVIDADES QUE
HONRAN A DIOS

Hay muchas formas de involucrarse
en mi comunidad, Padre, y te
pido que me muestres qué hacer.
Quiero escoger actividades que
ayuden a otros y que te den
gloria a ti. Ayúdame a sopesar las
posibilidades cuidadosamente
y a tomar las mejores decisiones.
Gracias por estas oportunidades
de honrarte.

Un testimonio en mi comunidad

Señor, hay tanta gente en mi comunidad que o bien no se interesan por ti o creen que te agradarán por sus propios méritos; pero varios de ellos realmente no te conocen. Te pido que abras puertas para que pueda darles testimonio. Mi oración es que muchos acudan a ti.

OFRECIENDO ALTERNATIVAS

He notado muchos eventos inquietantes
en mi comunidad, Señor; actividades
que no te glorifican en forma alguna.
Yo no participo de ellas, pero algunos
cristianos sí, o bien por la presión de los
iguales o simplemente porque no saben
que está mal. Abre sus ojos. Ayúdanos
a estar unidos para ofrecer tu luz en la
oscuridad.

Recién llegados

Vivimos en una comunidad muy unida, Señor. En muchos sentidos está bien porque estamos juntos. A la vez, puede ser realmente difícil para los recién llegados. Algunas de nosotras intentamos darles la bienvenida, pero a menudo se vuelven a ir poco después. Ayúdanos, Padre, a ser más abiertos con los nuevos residentes de nuestra ciudad.

Una comunidad cristiana

Estoy agradecida por los cristianos de mi ciudad, amado Dios. Es una bendición convivir con ellos. Recientemente comenzamos un estudio bíblico principalmente con la intención de ser un programa de alcance. Por favor, permite que sea un éxito para ti.

Contentamiento

Dios se glorifica más en nosotros cuando más satisfechos estamos en Él.

JOHN PIPER

ESTOY SATISFECHA

Este es un mundo acelerado donde todos quieren ir por delante, Padre. A veces el contentamiento se desaprueba. Algunas personas lo ven como vaguería o falta de motivación, pero yo sé que si estoy en el centro de tu voluntad estaré satisfecha. Ese es el único contentamiento verdadero que existe.

Piensa en el gato

No es muy difícil agradar a un gatito,
¿verdad Señor? Lo pones en tus piernas,
acaricias su cabeza y le escuchas maullar.
¡Qué satisfacción! Me gustaría ser así,
pero parece que cuanto más gano, más
lucho. No hay mucho contentamiento en
eso. Permíteme aprender del gato ¡para
estar satisfecha pase lo que pase!

"POBRE DE MÍ"

A veces mi actitud es tan "pobre de mí" que incluso me enferma, Padre. Sigo pensando que si tuviera esto o lo otro, la vida sería más fácil. Sé que me estoy perdiendo una vida verdaderamente abundante por quejarme tanto, y te pido que me perdones. Lléname de contentamiento.

Trabajo y contentamiento

Estoy agotada Señor, ¡pero creo que nunca me he sentido mejor! No hay nada como un duro día de trabajo para dar una tremenda satisfacción. Y realmente estoy anticipando el buen descanso que me espera porque sé que te he agradado con mi esfuerzo hoy.

"Nunca te dejaré"

Tú has prometido caminar conmigo todo el tiempo y suplir todas mis necesidades, amado Dios, y me gozo de esa garantía. ¿Qué más puedo necesitar? No importa que el mundo presente baratijas resplandecientes, porque su lustre se apaga ante el brillo de las bendiciones y el contentamiento que tú das.

Desánimo

*Permanencia, perseverancia
y persistencia a pesar de todos
los obstáculos, desánimos e
imposibilidades: es esto lo que
en todas las cosas distingue
el alma fuerte de la débil.*

THOMAS CARLYLE

CAMBIO DE PLANES

Tengo ganas de llorar, Padre.
Planeamos salir de vacaciones
la semana que viene, pero hoy
mi marido ha sido víctima de un
recorte de personal. Las vacaciones
ahora son imposibles. Él tiene
que encontrar un nuevo trabajo,
o no podremos pagar las cuentas.
Ayúdame a recordar que todas las
cosas ayudan a bien a los que te
aman.

Espíritus empapados

Por una vez estaba adelantada con todas mis tareas, Señor, pero la secadora dejó de funcionar y aún tengo una pila de ropa por terminar. Fue divertido tender la ropa al sol para que se secase y fingir que era pionera; hasta que llegó la lluvia. La ropa se empapó, y también mi espíritu. Quería tirar la toalla. Por favor, recuérdame que tú estás conmigo en medio de las tormentas.

No abandones

Señor, no quiero abandonar, pero he intentado con todas mis fuerzas ser como tú, y sigo cometiendo errores. Sé que dijiste que contigo todo es posible, y necesito recordarlo diariamente. No me dejes que abandone. Ayúdame a recordar que aún no has terminado conmigo.

CONSIDERAR TODO UN GOZO

Es difícil ver el desánimo como una bendición, Señor. Pero dijiste que considerásemos todo como un gozo. Las pruebas aumentarán mi paciencia y me moldearán para ser una creyente más madura. Cuando lo miro de esta forma, es mucho más fácil darte gracias por los tiempos difíciles.

Animando a otros

Me diste una oportunidad increíble hoy,
Padre, y es todo como resultado de una
situación desalentadora. Me ayudaste en
mi lucha con este problema, y por ello
pude animar a alguien más que estaba
afrontando una situación difícil muy
similar. ¡Realmente eres un Dios increíble!

Familia

*Los momentos más felices
de mi vida han sido los
pocos que he pasado en casa
en el seno de mi familia.*

THOMAS JEFFERSON

∞

BENDICIONES FAMILIARES

Entre tus muchas bendiciones,
mi familia está entre las más
grandes. Ellos comparten mis
alegrías y me ayudan a llevar
mis cargas. Querido Jesús, sé
que escogiste a cada uno de mis
familiares para ser parte de mi
familia de forma especial, y te doy
gracias por cada uno de ellos.
¡Que les dé yo también felicidad
de alguna forma!

Buenos padres

Amado Señor, tuve mi primer destello de ti a través de las vidas de mis padres. Qué bendición tener unas personas tan piadosas como una parte íntima de mi infancia y mis primeros años adultos. Gracias porque se preocuparon de instaurar en mí buenos principios y me amaron lo suficiente para llevarme a ti.

Reuniones familiares

Tuvimos una reunión familiar el otro día, y me sorprendió lo mucho que ha crecido mi familia. No me solían gustar mucho esas reuniones, pero esta vez fue diferente. Fue un recordatorio de la gran bendición que me has dado. También me di cuenta de la oportunidad que tuve de presentar un testimonio de tu amor a los que nunca lo habían oído. Creo que las reuniones no son tan malas después de todo.

AFRONTANDO LAS DIFERENCIAS

Señor, tan grande como es mi familia,
tiene que haber algunos de los
miembros cuya forma de ver la vida es
significativamente diferente de la mía.
A veces es molesto, particularmente
cuando intentan imponerme su punto
de vista. Dame la fuerza para defender
lo que sé que es verdad, y ayúdame a
amar a mi familia a pesar de nuestras
diferencias.

La familia de Dios

Aunque amo mucho a mi familia, estoy infinitamente agradecida de formar parte de tu familia. Tener otros creyentes que ríen y lloran conmigo es una bella estampa de tu amor. Poder orar con ellos, saber que tú estás en medio nuestro, es un gran gozo. Gracias por hacerme tu hija.

Temor

*La inactividad engendra duda
y temor. La acción engendra
confianza y valor. Si quieres
vencer el temor, no te sientes en
casa y pienses en ello. Sal fuera y
busca una ocupación.*

DALE CARNEGIE

PAZ EN MEDIO DEL TERROR

Señor, cuando pienso en el mundo
en el que estoy educando a mis hijos,
tiemblo. Crimen, odio, terrorismo:
están por todos lados, y me asusta.
Sé que debería recordar que tú estás
en control, y lo intento, pero a veces
me enredo demasiado en lo que está
pasando. Por favor perdóname, y
dame paz.

TEMOR A LO DESCONOCIDO

Tengo que reírme cuando pienso en los ridículos temores que tenía cuando era niña, la mayoría eran a lo desconocido. Pero cuando lo pienso bien, incluso ahora mis temores siguen siendo la mayoría de ellos a lo desconocido. Ahora no me parecen ridículos, porque debería confiar en ti en vez de preocuparme. Por favor, ayúdame a que mi pensamiento esté en ti.

Temor sabio

"El principio de la sabiduría es el temor de Jehová" (Salmo 111:10). A veces este pasaje de tu Palabra parece casi contradictorio, Señor, pero hay un temor sano, y hay un temor que paraliza. Sé que este pasaje significa que mi respeto por ti sea tan profundo que aborrezca el pecado. Por favor, ayúdame a tener este temor sabio.

El color amarillo

Una de las canciones más bonitas
que conozco trata sobre un niño
escudriñando una caja de pinturas de
cera y comparando los colores con la
vida cristiana. El amarillo representa el
creyente cobarde, al que le da miedo
compartir el amor de Cristo con los
demás. Por favor no dejes que sea
amarilla. ¡Permite que sea valiente para ti!

TEMOR A RENDIRSE

¿Por qué la gente tiene miedo de rendirte sus vidas, Señor? Sé que algunos tienen miedo de que les pidas algo que no puedan soportar. ¿Es que no entienden que tú les fortalecerás durante cada tarea? ¿No se dan cuenta del gozo que se están perdiendo? Dios, rompe las barreras que obstaculizan tu trabajo.

Finanzas

La verdadera medida de nuestra
riqueza es cuánto valdríamos
si lo perdiésemos todo.

J. H. JOWETT

ADMINISTRANDO EL DINERO

Es divertido Señor. Parece como si siempre deseara tener más dinero, pero administrarlo a veces puede ser doloroso. Organizarlo, asegurarme de pagar mis facturas; a veces es agotador. Por favor, da una mente lúcida y sabiduría para manejar mis responsabilidades financieras según tu voluntad.

Mi Padre rico

A veces veo que me preocupo por mi situación económica. Tengo la tendencia a olvidar que mi Padre es dueño del ganado en mil montes, y también de todo lo demás. Sé que tú cuidarás de mí. Aunque quizá no entienda del todo la riqueza en esta vida, tengo riquezas increíbles que me esperan. ¡Qué emocionante es eso!

Actitudes sanas

Señor, tan a menudo veo relaciones
que se desmoronan, y muchas de las
veces es por causa del dinero lo que
empieza ese proceso. Algunas personas
son despreocupadas o deshonestas en
su gasto; otras simplemente quieren
demasiado. Como resultado hay mucha
amargura y rencor. Por favor, ayúdame
a tener una buena actitud cuando haya
dinero de por medio.

La pizca de la viuda

Últimamente ha habido veces en que ha sido un poco difícil diezmar. Nos cuesta pagar nuestras facturas, así que nos quedamos sin cosas. Lo peor, sin embargo, es pensar sobre el poco beneficio que aporta nuestra escasa contribución. Señor, he estado intentando acordarme de la pizca de la viuda, y eso ayuda. Permite que su ejemplo me proporcione valor.

Extras

Amado Dios, estoy muy agradecida de que hayas provisto para mí. A veces esa bendición incluso sobrepasa mis necesidades. Ahora te pido sabiduría para manejar esos dones. Mi deseo es glorificarte y asegurarme de que no me controle el dinero. Por favor, ayúdame a usarlo de una manera que te honre.

Perdón

El perdón tiene que ser
aceptado,
igual que ofrecido,
para que se produzca.

C. S. LEWIS

OPORTUNIDADES DE PERDONAR

Al haber crecido con irritables hermanos, tuve muchas oportunidades de practicar el perdón. Imagino que eso es bueno porque aún tengo oportunidades de perdonar. A veces no es fácil, pero se siente mucho mejor dejar el dolor que aferrarse al rencor. Gracias por darme estas ocasiones.

Cristo entiende

Señor, tú pasaste por cosas que yo
nunca experimentaré, así que entiendes
lo difícil que es perdonar. Aunque tú
experimentaste el peor insulto, nunca
me reprimes por pensar que el mal que
me han hecho es insoportable, sino que
me das fuerza para hacer lo necesario.
¿Cómo podré agradecértelo?

El perdón de una amiga

No lo puedo creer, Padre. Realmente me equivoqué esta vez, y aun así mi amiga me perdonó. A decir verdad, no esperaba que quisiera volver a hablarme nunca, pero me abrazó y me dijo que empezaríamos de nuevo. ¡Eso me hizo sentir muy bien! Gracias por las amigas que perdonan.

CONSECUENCIAS NATURALES

Amado Señor, sé que me has perdonado por ese terrible error. Cuando me arrepentí, pensé que te harías cargo de algunas cosas, pero estoy aprendiendo que las consecuencias naturales aún duelen. Sé que no desaparecerán, pero oro para que las uses de forma positiva, quizá para evitar que otros cometan el mismo error.

SETENTA VECES SIETE

Setenta veces siete. ¡Guau! Esa es una cantidad enorme de perdón, Señor. Mirándolo desde una perspectiva, parece escandaloso; pero desde el otro lado del espectro, espero que alguien lo hiciera por mí. Esa es una de las cosas más bonitas del perdón en la realidad humana: es "dar y recibir".

Amigas

*La verdadera felicidad
no consiste en la multitud
de amigos, sino en su
valor y elección.*

SAMUEL JOHNSTON

ENCONTRANDO AMIGAS

Padre, escoger amigas no siempre
es fácil. Quiero encontrar personas
que compartan mis valores y mi
amor por ti. No parece que haya una
multitud de gente alrededor que se
interese por ti. Por favor, guíame a
los lugares donde pueda encontrar
compañías que te glorifiquen.

Señor, lleva a mi amiga

Mi amiga está dolida, amado Jesús. Ha tenido muchos problemas en su vida últimamente, y siente que está a punto de tocar fondo. He intentado estar ahí para ella, pero ahora mismo te necesita a ti de manera especial. Por favor, hazle saber que tú quieres llevarla a través de esta prueba. Ayúdala a confiar en ti.

Mi mejor amiga

Creo que mi mejor amiga se parece mucho a ti, Señor. Me anima espiritualmente; está ahí en los momentos buenos y en los malos, y haría cualquier cosa por mí. ¿Cómo podría no quererla? Las personas de su naturaleza son como piedras preciosas. ¡Estoy bendecida de tenerla en mi vida!

DAVID Y JONATÁN

He estado leyendo sobre Jonatán y
David, Padre. Qué par de amigos tan
increíbles. La disponibilidad de Jonatán
de tomar riesgos por David es increíble,
especialmente considerando que sabía
que David sería rey en lugar de él. Señor,
esa es la clase de amiga que quiero ser.

Yugos desiguales

Imagino que siempre he querido
conceder a la gente el beneficio de
la duda, pero no siempre he sido
lo suficientemente cuidadosa. He
terminado acercándome demasiado a
personas que hacen caso omiso de ti,
y a veces su influencia sobre
mí ha sido demasiado grande. Padre,
por favor ayúdame a ser amigable pero
a no intimar con los no creyentes.

Metas

Conozco el precio del éxito: dedicación, trabajo duro y una devoción continua a las cosas que quieres que ocurran.

FRANK LLOYD WRIGHT

METAS ALCANZADAS

A veces me desanimo un poco, Jesús. Me siento como si hubiera alcanzado todas las metas que me puse para mí y que ya no me queda nada por lograr que me aporte algo de emoción. Por favor, dame una nueva perspectiva. Dame sabiduría para ponerme nuevas metas, y ayúdame a darte la gloria cuando lo logre.

LISTAS DE QUEHACERES

Realmente no creía que mis metas fueran inverosímiles. Mi lista de "quehaceres" sólo tenía tres tareas grandes, y apenas pude hacer dos. Me parece que he estado trabajado todo el día y que no he logrado nada. Me siento disgustada conmigo misma, pero mañana será otro día, Señor. Dame la actitud correcta ahora que vuelvo a comenzar.

Consultar a Cristo

Señor, a menudo en mi planificación
diaria me olvido de consultarte.
Luego me pregunto por qué las cosas
no salen como pensé. Perdona
mi arrogante actitud. Sé que sólo
encontraré gozo en los logros si tú me
guías durante el día. Muéstrame cómo
alinear mis metas con tu voluntad.

Miradas en blanco

Hoy estoy luchando Jesús. Tengo una tarea específica que tengo que hacer, pero necesito claridad de mente. El proyecto lo tengo abierto delante de mí, pero tengo la mirada en blanco. Sé que quieres que trabaje en ello, y necesito tu guía. Dame la capacidad de pensar y terminar la tarea.

GRACIAS POR LAS METAS

Gracias por las metas, Señor. Aunque requieren trabajo, me dan algo a lo que avanzar. El esfuerzo que hago es excitante, y el sentido de logro gratificante. Me haces una persona más fuerte sólo por darme trabajo que hacer.

Carácter Cristiano

La idea cristiana no se ha probado y ha resultado ser deficiente. Se ha visto que era difícil y no se ha probado.

G.K. CHESTERTON

LA REALIDAD GOLPEA

Amado Dios, a veces el carácter cristiano suena demasiado fácil de conseguir cuando estoy sentada en la iglesia, escuchando hablar al pastor. En mi corazón sé lo que quiero; en mi mente creo que es posible. Convertir el ideal en una realidad es mucho más difícil. Necesito tu fuerza. Por favor, ayúdame a desarrollar un carácter cristiano.

Buenos ejemplos

He visto bastantes ejemplos de gente devota, y estoy muy agradecida de que les hayas permitido cruzarse en mi camino, Padre. Realmente anima ver a otras personas que están pareciéndose cada vez más a ti. Me ayuda en mi propia búsqueda por imitar a Cristo. Gracias por traer a esos individuos a mi vida.

Instrucciones especiales

Gracias por tu Palabra, Padre. Sin ella sería una causa perdida intentar desarrollar un carácter cristiano. Estoy muy contenta de que hayas preservado estas palabras especiales que me dan instrucción específica sobre cómo vivir. Ayúdame a guardar estas escrituras en mi corazón para que pueda confiar en ellas a lo largo de mi vida.

Ser buena a propósito

Señor, recientemente me acordé de
que el carácter cristiano no ocurre
porque sí. Tengo que proponerme en
mi corazón vivir una vida agradable a
ti. Sólo entonces podré permanecer
firme cuando la presión de los iguales
amenace con destruirme. Quiero
comprometerme diariamente a
obedecerte.

Velad debidamente

Amado Dios, tú no has guardado silencio acerca de cómo esperas que yo viva. Me has mandado que sea como tú, y eso incluye vivir en justicia. Explícitamente has dicho: "Velad debidamente y no pequéis" (1 Corintios 15:34). No sé si el mensaje podría ser más claro. ¡Tengo que ser justa!

La Voluntad de Dios

*Veo que hacer la voluntad
de Dios no me deja tiempo
para discutir sus planes.*
GEORGE MacDONALD

EL CENTRO DE LA
VOLUNTAD DE DIOS

Señor, sé que en el centro de tu
voluntad hay paz, gozo y muchas
otras ricas bendiciones. Me gustaría
experimentar todas estas cosas,
pero el problema que al parecer
tengo es descubrir cuál es tu
voluntad para mi vida. Por favor,
ayúdame a estar atenta cuando
hablas, y dame un corazón para ser
usado por ti.

Detalles de la Palabra de Dios

A veces me frustro mucho, Señor. Te he preguntado qué es lo que quieres de mí pero parece que guardas silencio. Después me doy cuenta de que hay detalles en tu Palabra que debería estar haciendo automáticamente. No siempre he sido obediente a estas cosas, así que ¿cómo puedo esperar saber más? Perdóname, Padre. Quiero obedecer.

El cuadro general

Últimamente han ocurrido algunas cosas que sencillamente no entiendo, Señor. Sé que tú ves el cuadro general y que todo lo que ocurre es parte de tu plan, pero a veces necesito un recordatorio. Ayúdame a enfocarme en la promesa de que todas las cosas ayudan a bien a los que te aman.

La voluntad de Dios
para los seres queridos

He pasado mucho tiempo orando por
tu voluntad en mi vida, Señor, pero
tengo muchos seres queridos que
también necesitan conocer la obra que
tú has hecho por ellos. Ayúdales a estar
abiertos a tu guía, y dame la gracia para
aceptar aquello a lo que les has llamado,
aunque no sea lo que yo tenía en mente.

DIOS NO LO IMPONDRÁ

Tu deseo es que busquemos y hagamos tu voluntad, amado Dios, pero tú nunca nos forzarás a hacerla. Has puesto unos caminos únicos delante de nosotros, y es porque nos amas de forma especial. Ayúdanos a no envidiar tus planes para otros; que terminemos nuestra tarea con gozo.

Dolor

Si no tuviéramos invierno, la primavera no sería tan agradable; si de vez en cuando no sufriéramos adversidad, la prosperidad no sería tan bien recibida.

ANNE BRADSTREET

UN PROFUNDO DOLOR

Sé que tú entiendes el dolor mejor que nadie, Padre, pero ahora mismo me siento como si nadie hubiera pasado lo que estoy pasando yo. Mi dolor es muy profundo, mi sufrimiento muy intenso. Me parece que me he quedado sola; te necesito Dios. Mi alma clama por alivio. Por favor, sana mi roto corazón, y ayúdame a sonreír de nuevo.

Pérdida de una mascota

El perro de mi hijo murió esta mañana,
Señor, y él está muy triste. Algunos se
ríen de sus lágrimas, pero su dolor es
muy real para él. Yo le abrazo y le doy
palabras de consuelo, pero eso no le
devuelve a su compañero de juegos.
Por favor, llena el vacío en su vida, y
consuélale como sólo
tú sabes hacerlo.

El consuelo de Dios

Querido Jesús, mi hermana está muy
dolida por su hijo que te rechaza.
Mi amiga está perdiendo a su padre
por una terrible enfermedad.
El matrimonio de mi vecina se está
tambaleando a pesar de sus mejores
esfuerzos por salvarlo. Necesitan tu
consuelo. Ellos, y muchos más como
ellos. Alivia sus dolores, Padre.

Libertad para dolerse

Es duro expresar el dolor en nuestra sociedad, Jesús, pero estoy contenta porque tú no nos rechazas cuando lo hacemos. Después de todo, tú sufriste, y me mostraste cómo manejar quizá una de las emociones humanas más hondas. Gracias por dejarme acudir a ti cuando estoy dolida. Gracias por tu amor.

Sí, Dios me ama

Me he estado concentrando tanto en mi dolor, Señor, que me temo que mi perspectiva de ti se ha combado. Me pregunto por qué permites que ocurran cosas malas, y a veces incluso me cuestiono si realmente me amas o no. Sé que la verdad es que estás ahí conmigo, queriendo que confíe y te ame más. Ayúdame a mantener eso en perspectiva.

Felicidad

No es cuánto tenemos, sino cuánto disfrutamos, lo que nos hace felices.

C H A R L E S   S P U R G E O N

E S O S   T I E M P O S   F E L I C E S

Muchas veces he oído a gente decir que los cristianos pueden estar alegres sin ser felices, y sé que es verdad. Pero aun así, saboreo esos tiempos felices de la vida. Se siente bien reírse tanto hasta llorar y sonreír al ver algo bonito. Gracias por darme tiempos felices para disfrutar, querido Jesús.

Cargas soportables

Señor, a veces cantamos una canción sobre ser feliz porque tú llevaste todas nuestras cargas. Imagino que realmente haces que las cargas sean más soportables. Aun así, eso es algo grande por lo que cantar, y trae felicidad. Estoy muy contenta de que estés ahí para aligerar la carga.

Bendiciones sencillas

Gracias por los muchos momentos felices
que me has dado. A menudo son las
pequeñas cosas de la vida: el primer
petirrojo en la primavera, el primer
tomate de mi huerto en la estación,
incluso una brillante puesta de sol.
Estas bendiciones sencillas provocan
las más grandes sonrisas ¡y me
hacen ser muy feliz!

Una mala felicidad

Estoy avergonzada, Señor, y necesito que me limpies. Alguien en la iglesia me ha estado haciendo la vida difícil desde hace algún tiempo. Acabo de descubrir que le ha ocurrido algo desafortunado, y me alegré. Intenté que no se me notara, pero estaba ahí, y no debería haber sido así. Por favor, no dejes que me alegre de los infortunios de otros.

La fuente de la felicidad

Estoy alegre de que no se necesite el dinero para obtener la verdadera felicidad, o de lo contrario no conseguiría mucha. Tú suples mis necesidades sobradamente, pero la felicidad que tengo cuando estoy con la familia o sencillamente relajándome con un buen libro en una tarde libre, es más que suficiente. La verdadera felicidad realmente no se puede comprar, ¿o acaso sí Jesús? Sólo proviene de ti.

Salud

Si tomar vitaminas no le hace estar lo suficientemente sano, pruebe a reírse más: el día más desperdiciado es aquel en que no nos hemos reído.

NICOLAS-SEBASTIAN CHAMFORT

¿QUÉ ES LO CORRECTO?

A veces me siento muy confundida, Señor. Intento comer bien, hacer el ejercicio adecuado y descansar mucho, pero todos los "expertos" dicen cosas distintas sobre lo que debería hacer. Es importante ser una buena administradora del cuerpo que me has dado, así que, por favor, ayúdame a cuidarme de la forma correcta.

Disfrutar de una buena salud

Gracias Padre, por darme buena
salud, porque hay muchos que no
disfrutan de esta bendición. A veces
me siento tentada a quejarme de
los dolores y achaques que todos
afrontamos de vez en cuando, pero
realmente no tengo razón para ello.
Tú has sido bueno conmigo.

GRACIA SUFICIENTE

Últimamente he estado afrontando una dificultad física, y parece que cada vez es peor. He orado, amado Dios. Oh, cómo he orado. A veces siento que estás muy lejos de mí, pero sé que estás aquí mismo a mi lado ofreciéndome tu gracia suficiente y tu fuerza. Ayúdame a aceptar esto como tu respuesta.

Hijos enfermos

Amado Señor, todos mis niños están enfermos, y yo estoy que no puedo más. No entienden por qué se sienten tan mal, y lo único que puedo hacer es abrazarles y decirles que les amo, pero a veces me pregunto si es suficiente. Te pido que les sanes. Por favor ayúdame a ser la madre que ellos necesitan.

Cristo todavía sana

Tú trajiste sanidad a muchas personas en la Biblia Jesús. Esos fueron momentos emocionantes para esos individuos, y sigue siendo un milagro espectacular cuando sanas hoy a alguien. Gracias por las muchas veces en que has tocado mi cuerpo enfermo o has aliviado a mis seres queridos. Tu toque de amor produce un gran gozo.

Hogar

*Aunque vaguemos en medio
de placeres y palacios, que
siempre sea tan humilde,
que no haya un lugar como casa.*

JOHN HOWARD PAYNE

LLENO DE AMOR

Señor, permite que mi hogar sea un
lugar reconfortante para mi familia y
mis amigos. Que sea un lugar donde
puedan escapar momentáneamente
de las presiones de este mundo.
Ayúdame a hacer mi mejor esfuerzo
para hacer que sea un lugar donde
la gente sepa que son amados por
mí, y más importante aún, por ti.

Donde está el corazón

He oído decir que el hogar es donde está el corazón, y supongo que tiene mucho sentido. Mi hogar es un lugar muy especial, y parece que a menudo cuando estoy en otro sitio, anhelo volver a estar en ese lugar, rodeado de lo que es cómodo y familiar. Gracias por la oportunidad de volver a casa.

Bienvenido a mi hogar

¿Te sientes a gusto en mi hogar, Padre?
¿Estás contento de estar ahí, o te
avergüenzas de llamarme tu hija? Quiero
que seas más importante en nuestra vida
diaria que ninguna otra cosa, y quiero
abrir nuestro hogar para que tú lo
uses como quieras.

El verdadero yo

No es que quiera tener una doble cara, Señor, sino que creo que estoy más cómoda en casa. No me preocupo tanto de lo que digo, y a menudo mis debilidades parecen exageradas porque no siempre estoy en guardia. Así es como termino dañando a los que más amo. Padre, por favor permite que "el verdadero yo" sea como Cristo en casa, y fuera de ella.

Tiempo en familia

Gracias por mi hogar, querido Jesús. Me encanta estar aquí. No puedo explicar el gozo que me produce estar rodeado de los que amo. Ya sea que nuestro hogar esté lleno de risa durante un juego familiar o envuelto en una contemplación silenciosa durante los devocionales familiares, puedo sentir tu presencia y me siento animada.

Humildad

*Dios creó el mundo de la nada,
y mientras sigamos siendo nada,
Él puede hacer algo de nosotros.*

MARTIN LUTHER

HUMILDAD ARTIFICIAL

Por naturaleza somos muy
orgullosos, Jesús. La humildad
ciertamente no se consigue
fácilmente, pero tú eres humilde,
y eres el ejemplo a seguir
independientemente de lo que
venga fácilmente. Enséñame a ser
más como tú. Enséñame a ser un
siervo.

Ser como Jesús

Padre, me sorprendió ver una señora muy atractiva, bien vestida, dejar su camino para ayudar a un individuo de una descripción completamente opuesta. La suciedad y el olor no parecieron incomodarla, y su sincero abrazo iluminó el rostro de la otra persona. Pensé cómo esa señora se parecía a ti; cómo quiero ser como tú.

Entre bastidores

Hay muchas personas que anhelan
esas posiciones de prominencia,
y no hay nada malo en eso; pero quiero
darte gracias por esas personas
que alegremente están dispuestas a
realizar las tareas más discretas.
Sus humildes contribuciones ayudan a
que las cosas vayan más suaves, y así es
como quiero ser: dispuesta a hacer lo
que se necesite hacer.

LECCIONES HUMILLANTES

Se presentó una oportunidad de ascenso en el trabajo, y sentí que yo cumplía los requisitos. Estaba segura de que obtendría el trabajo, pero contrataron a alguien de fuera. ¡Fue doloroso! Imagino que si hubiera aprendido a ser humilde desde el principio, quizá no me hubiera dolido tanto. Permíteme aprender de esto, Jesús.

Argumentos resolutivos

Escuché sin querer una discusión y fui testigo de una muestra de verdadera humildad, Señor. Un individuo tenía una queja legítima; sin embargo se alejó de la otra persona sólo para resolver el conflicto. Obviamente no tenía miedo de la otra persona, sino que tan sólo quería conservar la amistad. Así es como quieres que reaccionemos, ¿verdad?

Gozo

El gozo del Señor nos armará contra los asaltos de nuestros enemigos espirituales y hará que no nos gusten esos placeres con los que el carácter muerde su cebo.

MATTHEW HENRY

UNA NUEVA CANCIÓN

Desde que viniste a mi vida, amado Jesús, estoy llena de un gozo fascinante. Me has dado una nueva canción, y me veo cantándola en los momentos menos comunes. A veces recibo miradas inquisitivas, pero me da la oportunidad de compartir con otros lo que has hecho en mi vida. Oro para que ellos también busquen tu gozo.

CANCIONES DE GOZO

Me encanta escuchar a los niños cantar canciones sobre el gozo. Son canciones muy positivas, y me dan ganas de unirme a ellos. ¿Y por qué no? Estoy segura de que te agradaría oír a los adultos cantar a pleno pulmón esos versículos de la escuela dominical tan alegres con tanta convicción como los pequeños. Después de todo, tú nos has dado nuestro gozo.

Gozo

Jesús-otros-tú. Qué sencilla y a la vez profunda definición de gozo. Y estoy empezando a ver lo mucho que esto realmente funciona. Imagino que es porque cuando tú eres lo primero en mi vida, todo lo demás se prioriza adecuadamente. Aunque poner a los demás delante de mí no es siempre fácil, me hace sentir muy bien cuando lo hago.

Conocimiento gozoso

Aunque el mundo no piense que mis circunstancias siempre me garantizan una canción, me gozo en el conocimiento de lo que me queda por delante. Tengo una esperanza perfecta de una eternidad contigo. Tengo gozo al creer que tú estás conmigo en cada paso del camino. Tú has puesto una sonrisa en mi corazón. Gracias Señor.

Noticias de gozo

Tú llevaste gozo a Abraham y Sara cuando les dijiste que tendrían un hijo. De forma similar, María se regocijó, y las muchas veces en que dijiste: "tu fe te ha salvado", sacaste sonrisas. Tu Palabra todavía tiene ese efecto hoy. ¡Gracias por darnos gozo!

Retos de la Vida

Muchos hombres le deben la grandeza de sus vidas a sus tremendas dificultades.

CHARLES H. SPURGEON

UN NUEVO RETO CADA DÍA

Oh, cómo disfruto un buen reto Señor; ¡y cada día es un nuevo reto! Gracias por estas oportunidades, por cada emocionante aventura. Mi deseo es que pueda afrontar cada tarea de una manera correcta y que pueda honrarte con todo lo que digo y hago.

Gozo en el reto

Padre, pensaba que los retos eran para
ser una motivación positiva, pero
cuando me desperté esta mañana, me
temo que mi punto de vista no era muy
optimista. Lo único en que podía pensar
era en los miles de trabajos rutinarios
que tenía que hacer. Perdóname.
Ayúdame a aceptar cada reto con gozo.

Santa paciencia

Tengo que admitir que uno de los
mayores retos que afronto cada día
es mi necesidad de paciencia. Soy
probada regularmente en este asunto,
y demasiadas veces fracaso Señor.
Sé que no ganaré esta batalla de la
noche a la mañana, pero con tu ayuda,
trabajaré diariamente para alcanzar una
santa paciencia.

Una definición

El reto de la vida, ¿cómo podría describirlo? Podría decir que es mi mejor plan sazonado con interrupciones, herramientas rotas, falta de sueño, y la necesidad de terminar una tarea en una cantidad de tiempo establecida independientemente de las circunstancias. Suena difícil, y a menudo así se percibe, ¡pero con tu ayuda puedo soportarlo!

El ejemplo de Josué

Josué afrontó un duro desafío, ¿verdad
Señor? Tuvo que llevar a un grupo
bastante difícil de gente a través de un
río grande a pleno caudal, y eso era
simplemente el comienzo. Pero él no se
estremeció, sino que confió en que tus
promesas estarían con él, y yo también
puedo. Gracias por recordarme el
ejemplo de Josué justamente cuando
más lo necesitaba.

Soledad

Un Dios infinito puede darse del todo a cada uno de sus hijos. Él no se reparte para que todos puedan tener una parte, sino que se da a cada uno del todo, tanto como si no hubiera otros.

A.W. TOZER

LUNES FESTIVOS

Me solían encantar los lunes festivos, Señor. Los fines de semana largos, los picnics, y la diversión familiar; tengo gratos recuerdos. Pero ahora es diferente. Vivo demasiado lejos para ir a casa. Mis amigas están con sus familias, y no quiero interrumpirles. Pero me siento sola. Por favor aplaca este vacío, y ayúdame a ayudar a otros que estén en situaciones similares.

La soledad de Cristo

Señor, qué solo debiste de haberte
sentido en el huerto cuando los
discípulos se durmieron. Y cuando Dios te
dio la espalda mientras estabas en la cruz,
¿habrá algo que se pueda comparar con
lo que tú sentiste? Sin embargo, estuviste
dispuesto a hacerlo. Tú entiendes
cuando estoy sola, y gracias por estar
ahí durante esos momentos.

Un mundo solitario

A veces puede ser un mundo solitario, especialmente cuando la gente no entiende por qué escojo servirte. Imagino que me hace sentir nostalgia del cielo. Anhelo estar contigo para siempre ¡y pasar tiempo con otros que te están alabando también!

ACERCARNOS

Amado Dios, estaba notando toda la gente a mi alrededor que podría necesitar una amiga. Por alguna razón, están solos y heridos. Necesito acercarme a ellos. Te pido que me des oportunidades e ideas para demostrarles que me preocupan. Permíteme que haga el mundo un poquito más amigable para ellos.

La solución acertada

Padre, una amiga mía se ha cansado de ser la única "soltera" entre nosotras. Intentamos aplacar su soledad, pero ella sentía que el matrimonio era la única respuesta. Cedió ante el primer chico que le mostró interés y ahora es incluso peor. Por favor dale fuerzas, y ayuda a otras a aprender de su error.

Amor

La mejor porción de la vida de un buen hombre, sus pequeños, anónimos y olvidados actos de bondad y de amor.

WILLIAM WORDSWORTH

VERDADERO AMOR

Amor; ¡qué bonita palabra! Sin embargo, muchas personas son muy cínicas con ella, amado Jesús. Imagino que es porque hay mucho afecto artificial en este mundo, pero me gustaría que la gente viera el verdadero amor –tu amor– en mi vida. Por favor, dame la capacidad de amar como tú.

Amar a Dios

Digo que te amo Padre, aunque no estoy segura si es tan profundo como debería. Realmente yo quisiera, quisiera estar tan enamorada de ti que se notara en cada aspecto de mi vida. Ayúdame a desarrollar la intimidad contigo que debería tener.

TE AMO

Hoy mi pequeña dirigió su rostro angelical hacia mí y me dijo de forma tan sincera: "Te amo". No lo entiende totalmente, pero lo da a entender hasta donde alcanza su conocimiento. Sólo el hecho de oír estas preciosas palabras en su dulce vocecita me alumbró el día, y te doy gracias por esa bendición.

Amor y temor

Mirándolo desde una perspectiva humana, no parece que el amor y el temor estén remotamente conectados. Sin embargo, se nos amonesta muchas veces a amarte y temerte. Es un poco difícil de comprender, pero cuando realmente consideramos quién eres y lo que has hecho por nosotros, ¿cómo podemos no temerte ni amarte?

Sin excusas

Quiero decir: "tú no sabes cómo es esa persona. ¡Es imposible de amar!" Pero me dijiste que amara a mis enemigos. Me mostraste cómo hacerlo muriendo por mí incluso cuando mi vida era detestable por el pecado. Era horrorosa, antipática, pero aun así tú te interesaste. No tengo excusa para no amar a mis enemigos.

Misiones

La historia de las misiones es la historia de la oración contestada.

SAMUEL ZWERNER

PROVISIÓN PARA LAS MISIONES

En tu Palabra, nos has mandado llevar el evangelio a todas las naciones. También dijiste que, cuando somos obedientes, tú suples nuestras necesidades. Por favor, suple las necesidades de nuestros misioneros, Señor. Provee lo que necesiten física y espiritualmente, y permite que muchas almas sean salvas como resultado de ello.

MISIONES MUNDIALES Y YO

Padre, creo que el campo misionero que tienes para mí lo tengo en mi propia casa, pero sé que quieres que me involucre en las misiones mundiales también. Ayúdame a orar fielmente por nuestros misioneros. Dame sabiduría para saber cómo quieres que les apoye económicamente y muéstrame cualquier otra forma en la que poder ser de ayuda.

En peligro

Amado Dios, hay tantos misioneros en peligro. Se enfrentan a amenazas terroristas, condiciones de vida insalubres e incluso a animales peligrosos o enfermedades que no puedo si quiera imaginar. Por favor protégeles, Padre. Están dispuestos a correr esos riesgos para que otros puedan conocer tu amor. Guárdales bajo tus alas de protección.

ENTRANDO AHORA EN EL CAMPO MISIONERO

Hay un letrero sobre la puerta de mi iglesia que dice: "Ahora estás entrando en el campo misionero". Lo llamaste cosecha Señor, y quieres que haga mi parte recogiendo. Llévame a las almas que están preparadas para el evangelio. Permíteme estar alerta a las oportunidades de testificar de ti.

Los que se quedan atrás

Padre, me gustaría tomar un momento para orar por los familiares de los misioneros. A menudo olvidamos que cuando tus siervos obedientes llevan el evangelio a otros lugares, dejan a sus familiares atrás. La separación puede ser difícil. Aplaca su soledad. Bendice a cada miembro de la familia de una forma especial.

Modestia

La modestia es al mérito,
lo que la sombra es a las
figuras en un cuadro; le da
fuerza y hace que resalte.
JEAN DE LA BRUYERE

UN MUNDO INDECOROSO

Tu Palabra demanda claramente
modestia a tus hijos, Dios, pero
para ser honesta, es difícil en este
mundo. Es difícil incluso encontrar
ropa que se ajuste a tu definición
de modestia, y las actitudes de la
gente son incluso más indecentes.
Necesito tu fuerza para obedecer
incluso cuando no es fácil.

Ejemplo modesto

Muchas personas piensan que la modestia es sólo cuestión de vestir, pero tú me has mostrado que es mucho más. Es una actitud parecida a la humildad, y es lo que quieres de mí. Incluso en esto tú me pusiste el ejemplo, Jesús. Ayúdame a seguir el patrón que me has dado.

Mi mansión celestial

En esta sociedad de "consigue más" parece que lo que se espera es tener una casa enorme. Llamar a la casa de alguien "modesta" es casi despectivo, y eso es vergonzoso. Ayúdame a no envidiar a los que tienen más. Mi hogar suple mis necesidades y me da algo a lo que mirar mientras espero mi mansión celestial.

Gloria a Dios

Imagino que a todas nos gusta recibir alabanza de vez en cuando, y de forma moderada probablemente sea bueno para nosotras. Pero Padre, dame un corazón modesto para el honor cuando éste venga. No permitas que me llene de orgullo. Quiero darte a ti la gloria, porque sin ti no soy nada.

No te pavonees de tus cosas

Me has permitido sobresalir en algunas cosas, amado Dios, y estoy contenta de ser útil para ti. Pero ha habido veces en que me he avergonzado un poco porque otros quieren que haga alarde de mis logros. Sé que a veces compartir lo que he hecho beneficiará a otros, pero ayúdame a distinguir entre utilidad y fanfarronear.

Vecinos

La oración intercesora podría definirse como amar a nuestro vecino de rodillas.

<small>CHARLES BRENT</small>

LAS PERSONAS DE AL LADO

Yo no tuve muchos vecinos de pequeña, y he oído muchas historias horribles de los vecinos en general. Cuando me cambié a mi propia casa, estaba algo más que recelosa de mis vecinos de al lado. No me llevó mucho tiempo darme cuenta de que eran una bendición. Sólo oro para que sea una buena vecina a cambio.

Ese importante primer paso

Señor, mis vecinos son las personas más rudas e inconsideradas que he conocido. Es difícil no quejarse de ellos, pero no tengo el derecho de hacerlo.

No son cristianos, y nunca les he dado testimonio. ¿Por qué se tendrían que comportar de forma diferente? Perdóname, Padre. Les llevaré tu Palabra. Por favor, abre sus corazones.

¿Quién es mi prójimo?

Un joven te preguntó quién era su prójimo, y tú le contaste la historia del buen samaritano. Siempre he admirado al samaritano, pero a veces me veo que soy más como el sacerdote o el levita, buscando razones para no ayudar a otros. ¡Cómo debe de dolerte esto! Límpiame, Señor. Moldéame como un buen prójimo.

CRISTIANOS DE ENTRE SEMANA

Se le da mucha importancia al hecho de asegurarnos de ser piadosos, no sólo los domingos sino durante toda la semana. Después de todo, es principalmente cuando nuestros vecinos nos ven. Estoy muy agradecida por los buenos vecinos que viven su fe todos los días Señor. Su influencia sobre mí es grande.

Influencia vecinal

Estoy un poco preocupada por el efecto que algunos de mis vecinos puedan tener sobre mis hijos Señor. He intentado criarlos conforme a tu Palabra, pero la presión de los iguales es muy fuerte. Por favor, ayúdales a ser fieles y a permanecer en el camino correcto.

Nuestro País y Líderes

La providencia les ha dado a nuestras gentes la elección de sus gobernantes, y es la tarea, al igual que el privilegio e interés de nuestra nación cristiana seleccionar y preferir que sus gobernantes sean cristianos.

JOHN JAY

NUESTRA LIBERTAD

Se me saltan las lágrimas al oír una canción patriótica, y me deja sin habla ver cómo honran a los veteranos. Sé que es por los sacrificios que otros hicieron que yo ahora tengo libertad para adorarte cuando quiera. Gracias por mi país. Que nunca dé por hecho estas libertades.

Una nación bajo Dios

Amado Dios, estoy muy cansada de las discusiones en nuestra nación. Me molesta ver a gente intentando quitarte de las escuelas, las cortes y cualquier otro lugar que se les ocurra. Ellos distorsionan la Historia y niegan que esta nación fue fundada contigo como el líder. Sánanos, Señor. ¡Ayúdanos a volver a ti!

Líderes justos

Tú has dicho que los líderes justos
provocan el gozo entre la gente, y nos
has dado la oportunidad de escoger
a nuestros líderes. Con este privilegio,
nos has dado la responsabilidad de
elegir buenas personas. Padre, danos
sabiduría para reconocer a esas personas
y ponerlas en el gobierno.

La justicia engrandece a la nación

Me encantan los Proverbios, Señor, y uno de mis favoritos dice: "La justicia engrandece a la nación" (Proverbios 14:34). Durante muchos años nuestro país ha sido poderoso entre las naciones, y es porque tú eras parte de la vida de la gente. Sin embargo, hemos comenzado a abandonarte. Por favor, perdónanos y restáuranos a una justa relación contigo.

EN NOMBRE DE NUESTROS SOLDADOS

Hay un grupo muy especial de americanos a quien me gustaría traer delante de ti, Padre. Son nuestros militares. Muchos de ellos están en peligro hoy día, Señor. Necesitan tu protección de una manera que no puedo si quiera comprender. Por favor, pon un vallado a su alrededor. Tráelos de regreso a casa sanos y salvos.

Paz

Muchas personas están intentando crear la paz, pero eso ya ha sido hecho. Dios no nos lo ha dejado a nosotros para que lo hagamos; lo único que tenemos que hacer es entrar en ella.

D. L. MOODY

DULCE PAZ

Gracias, Señor, por esta oportunidad de disfrutar de la paz que ofreces. Mientras estoy aquí sentada en el bosque, escuchando el riachuelo correr entre las piedras, me hace pensar en cómo tu presencia en mi vida me relaja incluso en medio del caos. ¡Estoy contenta de tener tu paz!

El regalo de la paz

Padre, mirando a mi alrededor veo mucho alboroto. Mi corazón se rompe cuando veo las pruebas que la gente intenta afrontar sin tenerte en sus vidas. No se dan cuenta de la perfecta paz que quieres darles, y muchos no quieren ni oír de eso. Habla a sus corazones. Ayúdales a aceptar tu regalo.

Un descanso tranquilo

¡Qué hermoso ver a un niño dormir!
Con su brazo abrazando tiernamente su
osito de peluche y el dedo en la boca,
personifica la tranquilidad. Cuando le
veo, pienso que has prometido darles un
descanso tranquilo a los que cuidas. ¡Oh,
cómo te doy las gracias por ello!

Barcos de recipientes de mantequilla

La semana pasada fue bastante agitada, querido Jesús, pero me acordé de que no te habías olvidado de mí. Mi hija llegó a casa con un recipiente de mantequilla vacío que había sido convertido en un barco. Estaba acompañado de un dibujo de ti calmando la tormenta. En la parte de arriba estaba escrito de modo llamativo: "Calla, enmudece".

En paz con los demás

Hay muchas personas con quienes debo llevarme bien. Venimos de una gran variedad de trasfondos y no siempre estamos de acuerdo en todo. Sin embargo, he descubierto que el desacuerdo pacífico mejora las relaciones, así que ayúdame a hacer mi parte para vivir en paz con los demás.

Oraciones de Alabanza

Alabad a Dios, de quien fluyen todas las bendiciones; Alabadle, todas las criaturas de la tierra; Alabadle en las alturas, huestes celestiales; Alabad al Padre, Hijo y Espíritu Santo.

THOMAS KEN, "DOXOLOGÍA"

ARCO IRIS EN LA TARDE

Cuando vi por primera vez ese arco iris, sentí mucha ilusión. Cuando realmente me detuve para ver su brillo, me quedé impresionada. Sólo tú podrías haber pintado algo tan glorioso sobre la expansión de los cielos por la tarde. Gracias por la belleza de tus promesas.

Toda la creación habla

Hemos viajado por varios estados recientemente y hemos visto muchas vistas pintorescas. Campos dorados, montañas moradas, lagos centelleantes…¿Cómo puede alguien creer que algo tan sorprendente se haya creado solo? Tu increíble creación dice la verdad, ¡y a ti te pertenece toda la gloria!

Gracia inigualable

La canción habla de alabarte por tu
gracia inigualable, ¿y cómo podría
pasar un sólo día sin hacerlo? No
entiendo por qué me amas y me
perdonas, pero deseo ofrecerte mi
más sincero agradecimiento por estos
generosos regalos. ¡Eres un Salvador
maravilloso!

Para cada nuevo día

Cada día trae algo diferente por lo que te puedo alabar, ¡querido Dios! Para empezar, tenemos la promesa de un nuevo comienzo, una nueva oportunidad de servirte. A lo largo del día muestras tu majestad de multitud de formas. ¡Eres un Dios increíble!

Sacrificio de alabanza

Señor, que la vida que vivo sea un continuo sacrificio de alabanza para ti. Tú, que has hecho tanto por mí, sólo me pides que te entregue mi vida totalmente. ¿Cómo puedo rehusar hacerlo? Permite que lo que otros vean en mí les haga glorificarte también.

Oraciones de Agradecimiento

*Lo mejor de todo es preservarlo
todo en un corazón puro y
tranquilo, y que haya con
cada pulso un agradecimiento,
y por cada respiración una
canción.*

KONRAD VON GESNER

NUEVAS MISERICORDIAS

Realmente no quería levantarme esta
mañana Padre. Mis mantas parecían
una buena protección contra las
preocupaciones del día. Pero cuando
vi el glorioso amanecer y oí el alegre
cantar de los pájaros, me acordé de
que tus misericordias son nuevas
cada mañana. Sabía que todo iba a
estar bien. Gracias por tu fidelidad.

Dios está en control

Gracias Señor, porque tienes un plan perfecto para mi vida. Sé que no siempre lo entiendo, pero tú sabes lo que es mejor, y todo lo que ocurre es por una razón: que tú seas glorificado. Estoy muy contenta de que estés en control y que no tenga que preocuparme.

Lluvias veraniegas

¡Esa lluvia refrescante! Oh, cómo lo necesitábamos. Los campos estaban cuarteados y los ríos secándose. Justo cuando pensamos que no podríamos resistir más el calor, tú enviaste lluvia que refresca y limpia. Ahora el jardín está creciendo, los riachuelos fluyendo ¡y nuestros corazones te dan las gracias!

Den gracias al Señor

Padre, estaba trabajando en una serie de lecciones para los niños de la escuela dominical, y me sentí guiada a concentrarme en el versículo que dice: "Alabad al Señor" (Salmo 136:1). Me di cuenta de cuántas cosas tenemos por las que darte gracias y cuántas lecciones en tu Palabra lo respaldan. ¡Sin duda eres digno de nuestro agradecimiento!

GRACIAS POR LAS LUCIÉRNAGAS

Estoy convencida, Padre, que una razón por la que nos das a los niños es para enseñarles lecciones importantes. No hace mucho tiempo que oí a un niñito dándote gracias por muchas cosas. "Y gracias por las luciérnagas", dijo. Qué sencillo recordatorio de que no hay nada demasiado insignificante por lo que darte gracias.

Pureza

El nombre de Jesús...
suscitó emociones similares
en los corazones de todos
los convertidos, y puso a
funcionar inmediatamente
cada sentimiento de belleza
moral, y cada deseo de sumisa
obediencia, lo cual constituye la
pureza cristiana.

JOHN STRACHAN

PIENSA EN COSAS PURAS

No quedan demasiadas cosas en la sociedad de hoy que fomenten la pureza, pero tu Palabra ciertamente demuestra la importancia de enfocar nuestra atención en las cosas que son puras. Por experiencia propia, he aprendido que la vida es más gratificante cuando está dirigida hacia agradarte a ti en vez de a la carne, y te doy gracias por estas lecciones.

Nieve invernal

Qué ilustración tan bonita de la pureza
nos has dado en un manto de nieve
fresca y recién caída. Es el tipo de
pureza que quiero para mi vida, y es la
limpieza que sólo Tú puedes dar. Estoy
muy agradecida por tu sangre salvadora
que lavó mi vida dejándola blanca como
la nieve.

Llamas limpiadoras

Tú querías usarme, Padre, pero sabías
que había áreas en mi corazón que
primero había que limpiar. Sabías que
la única manera de lograrlo sería enviar
llamas purificadoras. Las llamas de la
prueba a veces eran dolorosas, pero
estoy contenta de que las enviaras. Me
siento bien de que me hayas lavado y
sea digna de servirte.

VERDADERA PUREZA

Padre, por favor muéstrame si la vida
que vivo es verdaderamente pura ante
tus ojos. En mi orgullo, temo subirme
a una altura mayor de la que debo
cuando se trata de la limpieza. Pero
quiero verme a través de tus ojos. Quiero
alcanzar tus estándares. Por favor,
purifica mi actitud, Señor.

LIMPIA MIS LABIOS

Tú tenías un trabajo para Moisés, pero dijo que no podía hablar. Isaías, por el contrario, estuvo dispuesto. Tú simplemente tuviste que limpiar sus labios para que las palabras que le diste salieran con pureza. Tú también me has dado un mensaje para compartir, y mi oración es que toques mi boca con tu carbón.

Relaciones

La mejor relación es aquella en la que tu amor por el otro es más grande que tu necesidad del otro.

DESCONOCIDO

GENTE EN MI VIDA

Sé que tú has traído a personas a mi vida por diferentes razones, pero tengo que admitir que a veces me gustaría irme a mi propia isla con mi perro. Es difícil complacer a la gente, y es fácil hacerles enojar. Ninguna situación es agradable para mí. Señor, por favor ayúdame a poner lo mejor de mí en cada relación.

La mejor relación

Amado Jesús, he conocido a mucha gente en mi vida. He disfrutado de muchas buenas relaciones y he intentado evitar las malas. Sin embargo, una cosa es cierta. Mi relación contigo es la más importante. Estoy muy contenta de que tengas tiempo para mí y que quieras que tenga comunión contigo. No podía pedir un amigo mejor.

Relaciones dañinas

Señor, generalmente pienso en las relaciones como algo entre personas, y no recuerdo que mi relación con las cosas puede afectar seriamente cómo reacciono con la gente. Por ejemplo, a veces me meto tanto en un programa de televisión que no le doy a mi familia la atención que necesitan. Perdóname Padre. Ocúpate de mis relaciones.

Buenas relaciones

Gracias Señor, por darme una buena
relación con mi marido y mis hijos.
Muchas personas luchan con hogares
infelices, y es sólo tu gracia lo que me
protege de ello. Te pido que mantengas
tu mano sobre nuestro hogar y también
que les des a otros vidas felices.

Consejo experto

Me sorprende la sabiduría que el rey
Salomón le extendió a su hijo en los
Proverbios, Señor. Imagino que tendría
un conocimiento experto sobre el tema
de las relaciones por haber tenido
tantas. Estoy contenta de que hable
tanto sobre las buenas como sobre
las malas. Me anima a escoger buenas
compañías.

Descanso

Descanso no es vaguería, y tumbarse a veces en la hierba bajo los árboles en un día de verano, escuchando el murmullo del agua o viendo las nubes flotar por el cielo, no es de ningún modo una pérdida de tiempo.

JOHN LUBBOCK

ENCONTRAR TIEMPO PARA DESCANSAR

Se me hace difícil siquiera sentarme a comer, Padre. Descansar parece una idea un tanto descabellada. Sé que quieres que encuentre tiempo para descansar pero constantemente ando de aquí para allá, y aun así no consigo terminar todo lo que tengo que hacer. Por favor, ayúdame Señor, a hacer del descanso una prioridad.

DESCANSO EN LA MECEDORA DEL PORCHE

En mi mente, descansar normalmente se traduce en dormir, pero al estar sentada aquí en la mecedora del porche, balanceándome lentamente, y no pensando en nada en particular, veo que el relax se puede obtener de muchas formas. Me siento bendecida de que el descanso sea parte de tu plan.

EQUILIBRAR EL TRABAJO Y EL DESCANSO

Tuve que soltar una risita al leer el versículo que dice: "No des sueño a tus ojos" (Proverbios 6:4). ¡Creo que no me cuesta mucho trabajo obedecer eso! Me cuesta más lo de "Venid… aparte… y descansad un poco" (Marcos 6:31). Sin embargo, creo que estoy entendiendo el cuadro. Por favor, ayúdame a aprender a equilibrar el trabajo y el descanso.

Un día de descanso

Tú estableciste un día de descanso
después de terminar la creación,
Dios. Aunque esperas que pasemos
tiempo contigo diariamente, sabías lo
mucho que necesitaríamos un día para
dejar a un lado las actividades normales,
para tener comunión con otros creyentes,
y para centrarnos principalmente
en ti. Ayúdame a no dar nunca por
sentado este día de descanso.

ENTRANDO EN EL
DESCANSO DE DIOS

Querido Jesús, en este mundo nunca
experimentaremos el verdadero
descanso, pero tú has ofrecido este
tentador refresco a todos los que entren
en él. Y aun así, muchos rechazan este
reposo que ofreces. Es un rechazo que
no puedo llegar a entender, Señor.
Muéstrales lo que se están perdiendo.
Llévales a tu descanso hoy.

Salvación

*Ningún hombre puede perderse
los beneficios de la salvación
de Cristo, salvo a través de una
desgana por tenerlos.*

WILLIAM LAW

LA SALVACIÓN MÁS GRANDE

La salvación es algo que todos
deseamos de una manera o de
otra, Padre, y la salvación que has
provisto sobrepasa con mucho
cualquier cosa que se le presente a
la humanidad. Tú me has rescatado
de las profundidades del pecado y
me has dado nueva vida en Cristo,
¡y siempre te alabaré!

Salvación de los seres queridos

Hay muchas personas en mi familia que no han aceptado tu don de salvación, querido Jesús. Mi oración más sincera por cada uno de ellos es que confíen en ti. Atrae a cada uno de ellos hacia tu abrazo. Oro para que cada uno te reciba como su Salvador.

QUE LOS NIÑOS VENGAN

Tú dijiste que para aceptarte se requiere
la fe como la de un niño, querido Jesús.
Sin embargo, vez tras vez fallamos en
tomarnos en serio a los pequeños.
Pensamos que son demasiado pequeños
para entender, pero tú dijiste que les
dejásemos venir. Danos sabiduría
cuando tratemos con los más pequeños,
y ayúdanos a animarles a aceptarte
también.

ESTAD QUIETOS, Y CONTEMPLAD LA SALVACIÓN DEL SEÑOR

Somos unos sujetos frenéticos, amado Dios, pero cuando conseguimos hacerlo todo, tú dices: "estad quietos". Ofreces la salvación completa pero sólo cuando tomamos el tiempo para ver de dónde viene nuestra salvación. Ayúdanos a frenar y a presenciar el mayor de los milagros.

¿Suficientemente bueno?

Cuando esté delante del gran trono blanco, ¿no será suficiente el que haya sido una buena persona? ¿No importará que fuera a la iglesia y diezmara? Incluso enseñé en la escuela dominical. ¿Realmente dirás: "Apartaos de mí" (Mateo 25:41)? ¿Es eso lo que quiere decir tu Palabra cuando dice: "nos salvó, no por obras de justicia… sino por su misericordia (Tito 3:5)?

Autoestima

Nada aporta más beneficio que la autoestima cimentada sobre lo que es justo y recto.

JOHN MILTON

A SEMEJANZA DE CRISTO

Hay una línea muy fina entre la autoestima y la arrogancia. A veces me cuesta distinguir entre las dos. Padre, tú me creaste a tu imagen, y estoy agradecida por ello, pero necesito recordar que no soy perfecta. Ayúdame a no ser orgullosa sino a luchar cada día por ser más como tú.

LEVANTAR LA AUTOESTIMA

Recuerdo cuando era pequeña lo embarazoso que era que se rieran de mi horrible colección de ropa. Y me dolía cuando "las mayores" se metían conmigo, pero tú también trajiste gente a mi vida que me levantó y animó. ¡Qué bendición fueron! Señor, permíteme levantar la autoestima de otra persona.

Afectando a otros

Últimamente me he sentido un poco desanimada, Padre. No estoy cumpliendo las expectativas que tengo de mí misma, y he estado arrastrándome. Desgraciadamente, mi falta de autoestima está afectando también a otros. No quiero que suceda eso, sino darte mis frustraciones y dejar que obres por medio de mí.

Especial para el Padre

¿Cómo puedo dudar de mi valor ante tus ojos, Padre? Tú conoces el número de cabellos en mi cabeza. Tú me creaste, y dijiste que tu creación es muy buena. Cuando me sienta tentada a entrar en el desánimo, recuérdame que soy especial para ti, y que no hay otra igual que yo.

Todavía trabajando en mí

Amado Dios, estoy muy lejos de ser perfecta, pero confío en el conocimiento de que me amas tal y como soy. Tú eres el que ha comenzado una obra en mí, y serás fiel en terminar lo que has comenzado. Qué emoción saber que harás de mí lo que quieres que sea.

Servicio

Es una peculiaridad de la vida cristiana que mientras se hace más concienzuda cada vez, también se vuelve cada vez menos una obligación y cada vez más un servicio placentero.

NEWMAN SMYTH

LECCIONES DE LOS PIES

Jesús, leí el relato de cuando lavaste los pies de los discípulos, y pensé en lo desagradable que debió de haber sido. ¿Estabas pensando que esos mismos pies llevarían tu evangelio al mundo? Ya no eran horribles sino hermosos. Lavaré los pies si tú me llamas a ello, o llevaré tu mensaje.

SALVADA PARA SERVIR

No estoy segura de cuántas veces he oído la frase: "Dios me salvó para servir, no para sentarme". Hay muchas formas en las que me puedo involucrar en el servicio cristiano. Lo que más necesito es un corazón dispuesto. Ayúdame a no perder nunca de vista el hecho de que el servicio es hermoso para ti y una bendición para otros.

TODO ES IMPORTANTE

Sabes, cuando era pequeña, tenía tareas que hacer. No quería hacerlas porque no parecían importantes. Quería hacer labores importantes. Ahora me veo que tengo la misma actitud algunas veces. Me muestras un trabajo que tengo que hacer, pero lo ignoro porque quiero algo más desafiante. Perdóname Señor, porque para ti todo es importante.

Un corazón de sierva

La ironía de tu Palabra me hace sonreír,
Señor. Cuando hablas de grandeza,
está conectado con el servicio. Es muy
contrario a la naturaleza humana,
pero cuando pienso en ello, realmente
tiene sentido, aunque realmente no
lo hace ser más fácil. Por favor, dame
un corazón de sierva.

La trampa de Marta

Señor, quiero ser una sierva, pero quiero hacerlo a tu manera. Por favor, no dejes que caiga en la trampa de Marta de suplir sólo las necesidades físicas. Aunque esos elementos son importantes, no alcanzan a toda la persona. Permíteme que también sea una bendición en las áreas espiritual y emocional.

Estrés

Los pequeños problemas y preocupaciones de la vida pueden ser piedras de tropiezo en nuestro camino, o podemos hacer de ellas piedras de apoyo para conseguir un carácter más noble y para llegar al cielo.

HENRY WARD BEECHER

LA POPULARIDAD DEL ESTRÉS

El estrés parece haberse disparado en estos días, ¿no es así Señor? Cada vez que me doy la vuelta, alguien me dice lo estresado que está. Y yo hago lo mismo. Imagino que está de moda estar estresado. Puede que esté de moda, pero no es bueno. Por favor, toma mi estrés y transfórmalo en energía que sea usada para tu gloria.

Una carga de estrés

Fechas de entrega, citas deportivas, trabajo extra inesperado en la empresa; ¡estoy a punto de tirarme de los pelos! Sé que todos tenemos nuestra carga de estrés, ¿pero acaso no habré tenido una carga extra esta semana, Padre? No estoy segura de cuál es el propósito de ello, pero sé que hay una razón. Señor, dame paciencia para soportar esta horrible experiencia, y permite que te agrade.

Paso a paso

Es el final de otro día Padre. No logré
hacer lo suficiente, y el día de mañana
se acerca con todas sus expectativas.
Quiero gozarme en los días que tú me
das, pero honestamente ha sido una
tarea para mí poner un pie delante del
otro. El estrés de la carga me abruma.
Por favor, concédeme la fuerza para ir
paso a paso.

Estrés y vulnerabilidad

Amado Dios, he descubierto que
durante estos momentos de estrés
parece que soy más vulnerable a la
tentación. Te necesito aún más durante
esta difícil hora. Tengo que apoyarme
en ti y en las buenas amigas que me has
dado. Ayúdame a enfocarme
en la meta, e impide que me derrumbe.

No confié en ti

Perdóname Padre. Una vez más he estado tan estresada que he querido rendirme en la vida. He intentado con todas mis fuerzas sobrevivir cada día, pero nunca me preocupé de entregarte a ti mis preocupaciones. He sufrido para hacer las tareas y he causado que otros sufran al intentar luchar yo sola, pero desde ahora, ¡decido poner sobre ti mis cargas!

La Verdadera Belleza

Engañosa es la gracia, y vana la hermosura; la mujer que teme a Jehová, ésa será alabada.

PROVERBIOS 31:30

LECCIONES DE UNA NIÑA

Hoy he visto la niña más bonita en un parque, Padre. Su bonita sonrisa llegaba hasta sus ojos. Creo que debe de haber llegado también hasta su corazón, porque también vi a esa niña irse corriendo a jugar con una niña discapacitada, y de la que otras niñas se estaban burlando. Señor, gracias por mostrarme lo que es la belleza interior.

La belleza de Cristo

Tú sabes Señor, que paso mucho tiempo cada mañana intentando estar físicamente atractiva, aunque eso no le ayuda mucho a mi alma, que digamos. Claro, me siento mejor cuando me veo bien, pero sé que si la gente viera tu belleza en mí, eso me produciría más gozo. Acércame a ti, y haz que esto sea una realidad.

A PESAR DE LA SUCIEDAD

Esta tarde le pedí a mi marido que me ayudara con una tarea que no era ni limpia ni divertida. Cuando terminamos la tarea, los dos estábamos muy sucios, pero en ese momento vi a una persona hermosa. Él tenía otros planes, pero como yo necesitaba ayuda, accedió de buena gana. ¡Eso es hermoso!

BELLEZA INCORRUPTIBLE

Estaba mirando una revista hoy, y había muchos consejos de belleza. Mientras miraba los modelos, pensaba en las pocas personas que son así, y comprendí que algo como un accidente de tráfico podría cambiarlo de manera instantánea. La belleza interior no es así, ¿verdad Padre? Viene de ti, y es incorruptible.

Ya eres bonita

Ayer, oí a un niño preguntarle a su madre
por qué estaba comprando cosméticos.
"Para estar más guapa", fue su respuesta.
"Pero tú ya eres bonita", dijo el niño
con convicción. La madre sonrió
alegremente y le dio un abrazo al niño.
Mientras él le devolvía el abrazo, el amor
entre ellos era notable. Señor, en ese
momento lo supe: ¡ella era bonita!

Sabiduría

La pura sabiduría siempre
se dirige hacia Dios;
la sabiduría más pura es el
conocimiento de Dios.

LEW WALLACE

LA SABIDURÍA DE DIOS

¡Soy muy olvidadiza! Dios, sé cuántas veces me has aconsejado que busque tu sabiduría; sin embargo, una y otra vez intento hacer las cosas por mí misma. Debes pensar que aprendí a base de cometer muchos errores, pero creo que soy demasiado orgullosa. No quiero seguir así. Quiero tu sabiduría para poder vivir la vida como tú la planeaste.

TOMANDO DECISIONES

Estoy afrontando ahora mismo una
situación, y no estoy muy segura de
cómo manejarla, Padre. Vengo a ti
porque realmente me falta sabiduría,
pero necesito saber cómo tomar la
decisión correcta. Gracias por prometer
que me guiarás.

EL LIBRO DE DIOS DE LA SABIDURÍA

Hay tantos libros de "Cómo…"
disponibles hoy día, Señor, y todos te
prometen aumentar el conocimiento
en algún área. Pero ninguno de ellos
da ninguna esperanza de añadirte
sabiduría. Sólo tu Palabra ofrece eso.
Gracias por proveer los medios para
conocerte mejor y para vivir
la vida más abundantemente.

La elección de Salomón

Tú le diste a Salomón una oportunidad de pedirte cualquier cosa que desease, y pidió sabiduría. Así pues, recibió muchas más bendiciones. Me gustaría pensar que yo hubiera pedido lo mismo, pero no sé si lo hubiera hecho. Por favor, haz que sea más madura para que pida cosas que realmente importan.

Tener sabiduría y aplicarla

Señor, me has dado una riqueza en
sabiduría en tu Palabra, pero saber lo
que dice y ponerla por obra son dos
cosas totalmente diferentes. A veces
mi comportamiento es aún muy necio.
Perdóname, Señor. Ayúdame a no
ignorar la dirección que me has dado.
Ayúdame a caminar sabiamente.

Trabajo

*La mayoría de la gente pierde
la oportunidad porque viene
disfrazada con un mono de
trabajo y se parece al trabajo.*
THOMAS EDISON

PRIORIZAR

Padre, realmente tengo muchas
cosas que hacer, y no funciono muy
bien con la multitarea. Necesito
tu ayuda cada día para organizar
las tareas que tengo que hacer.
Muéstrame cómo priorizar mi carga
de trabajo para que pueda hacer
las cosas de la forma más eficiente,
y permite que mi trabajo sea
agradable para ti.

Trabajo agradable

Tengo la bendición de tener un trabajo que disfruto, Señor. Hay muchas personas que no pueden decir lo mismo, y muchas de ellas probablemente tienen buenas razones para no disfrutar de su trabajo. Gracias por abrir esta puerta de oportunidad para mí. Has suplido mis necesidades de una forma maravillosa.

COMPAÑEROS DE TRABAJO DIFÍCILES

No sé cuánto tiempo más podré soportar esto. Padre, cuando acepté este trabajo realmente pensaba que estaba entrando en una buena situación, pero la gente con la que trabajo es muy falsa. Todos están ahí para su propia gratificación, no por la compañía o por aquellos a los que sirven. Estoy muy cansada de ello. Por favor, ayúdame en este tiempo tan difícil.

TRABAJADOR COMPULSIVO

¿Es esto realmente sano, Señor? Cuanto más trabajo, más cosas veo que hay que hacer. Parece que sólo estoy contenta cuando estoy ocupada, pero aunque los logros son emocionantes, me parece que me estoy perdiendo los placeres sencillos. Realmente quiero aprender a disfrutar deteniéndome a oler las rosas.

Tareas domésticas

¿Alguna vez has querido que pudiéramos eliminar la frase "tareas domésticas" de nuestro vocabulario Padre? Sé que todo el trabajo es importante para ti, y que la actitud que tengo cuando hago cada tarea es incluso más importante. Ayúdame a recordar que incluso las pequeñas tareas son significativas dentro del cuadro general.

Acerca de la autora

RACHEL QUILLIN es autora de varios libros de regalo y coautora del libro devocional de oración titulado *Oraciones y promesas para madres.*

Ella tiene su hogar al este de Ohio con su esposo Eric y sus hijos.